HUGO DE AZEVEDO

O BOM HUMOR

4ª edição

@editoraquadrante
@editoraquadrante
@quadranteeditora
Quadrante

QUADRANTE

São Paulo
2023

Copyright © 1991 Quadrante Editora

Capa
Provazi Design

Dados Internacionais de Catalogação na Publicação (CIP)

Azevedo, Hugo de
  O bom humor / Hugo de Azevedo — 4ª ed. — São Paulo: Quadrante, 2023.

  ISBN: 978-85-7465-541-3

  1.Bom humor 2. Vida cristã I. Título

CDD-248.4

Índice para catálogo sistemático:
1. Bom humor : Vida cristã 248.4

Todos os direitos reservados a
QUADRANTE EDITORA
Rua Bernardo da Veiga, 47 - Tel.: 3873-2270
CEP 01252-020 - São Paulo - SP
www.quadrante.com.br / atendimento@quadrante.com.br

SUMÁRIO

INTRODUÇÃO 5

O RISO.. 15

O MAU BOM HUMOR................................. 79

NO JOGO DA VIDA...................................... 107

INTRODUÇÃO

Uma das causas por que muita gente se afasta de Deus é a impressão que têm de que a vida cristã é tristonha. Parece-lhes que é preciso pensar demais na morte e que as alegrias de que falam os livros espirituais são uma espécie de alegrias de além-túmulo, abstratas e solenes, esquisitas — tristes, ao fim e ao cabo.

Nessa impressão, por um lado, há uma certa insinceridade, pois a verdade é que todos pensamos bastante na morte e, embora nesta vida não sejamos sensíveis à felicidade celestial, se não tivéssemos esperança de atingi-la, nada nos alegraria aqui na terra. Que encanto havíamos de ter aqui se estivéssemos convencidos de que a morte era mesmo o fim de tudo? Só se nos embriagássemos, esquecendo tão desafortunado destino... E, infelizmente, é o que muitos fazem, das mais diversas formas.

Por outro lado, essa impressão enfadonha procede da imagem que muitas pessoas piedosas dão da vida cristã: sempre que rezam, lacrimejam ou suspiram; sempre que falam de Deus, põem um ar compungido. As próprias imagens dos santos, para elas, têm de ser melancólicas, de olhos em branco, linfáticas.

Como julgam que o ambiente das igrejas é o modelo perfeito da vida espiritual, e como na igreja não se ri, qualquer risada entre amigos lhes parece uma imperfeição, aquilo a que os livros religiosos chamam «riso imodesto», enfim, uma «fraqueza» humana.

Como foi que chegamos a esta situação? Seria longo historiar esse fenômeno tão generalizado, mas, em resumo, talvez pudéssemos dizer que na origem desta melancolia piedosa está a falta de esperança. Não a falta absoluta de esperança, como a dos ateus, mas a desesperança de que possamos santificar-nos na vida corrente, no meio do trabalho, nas preocupações familiares, nas relações sociais, etc. Ou seja, a convicção de que, fora da igreja ou dos recolhidos claustros, não nos é possível seguir Cristo com perfeição.

No fundo, há falta de verdadeira formação cristã. Muitos cristãos não leem nem meditam o Evangelho. Alimentam-se de breves homilias — que mal escutam — e do que lhes entra pelos olhos quando se ajoelham nas igrejas. É certo que não estaria bem representar um santo dando uma gargalhada, como acontece, aliás, com a representação de qualquer pessoa de respeito. Mas isso não significa que as pessoas mais respeitáveis não riam, não se divirtam, não brinquem. A mesma coisa se diga de Nosso Senhor, que, sendo uma Pessoa divina, teve e tem uma «personalidade humana» normal.

Aliás, há imagens medievais de Nossa Senhora tão risonhas que ainda hoje nos encantam. Mas escandalizam bastantes. Não lhes dão devoção, dizem, porque junto dessas imagens não podem suspirar à vontade.

É preciso desfazer essa penosa impressão de tristeza, e não basta organizar coros animados nas cerimônias religiosas, cerimônias que por outro lado exigem uma particular solenidade. A solução não está em modificar os gestos, os sintomas da doença, mas a própria doença, a própria atitude interior melancólica, doentia. É preciso renovar nos cristãos a virtude teologal da Esperança, que nos vem da certeza do imenso amor de Deus por cada um de nós e nos dá a certeza do seu auxílio em todas as necessidades, até atingirmos a meta da plena união com Cristo.

Não é disso que vamos tratar agora, porém. Vamos falar de uma outra virtude esquecida, e tão esquecida que muitos nem a consideram virtude: o hábito da boa disposição, da alegria, do bom humor. A raiz desta virtude, no entanto, está precisamente na Esperança.

Como dizíamos acima, se não esperássemos a felicidade eterna, qualquer alegria nossa só poderia ser a de um pobre embriagado, que se esquece da sua desgraça à força de álcool, de qualquer *álcool*, seja ele a cachaça, seja a droga, sejam até ocupações honestas transformadas numa contínua distração. Pois assim como se extrai álcool de inúmeras substâncias, também conseguimos embriagar a alma com qualquer entretenimento, bom ou mau.

A alegria cristã não é uma distração nem uma fraqueza; é uma disposição legítima, lógica, virtuosa. E não se trata de nenhum sentimento especial dos cristãos; é o sentimento de alegria de toda a gente, nascida dos mesmos motivos, e de outros, nascidos por sua vez da fé.

É preciso refundir a imagem melancólica que fizemos de Jesus e que se reflete inclusivamente no tom de voz com que tantos recitam as suas palavras, um tom de voz lamuriento, mesmo quando estão proclamando as Bem-aventuranças.

Jesus é perfeito Deus, mas também é perfeito homem; não um indivíduo taciturno, deprimido e deprimente. Teremos ocasião de pensar nisso ao longo destas páginas. Queríamos só vincar a necessidade de revermos a imagem que formamos do Senhor e, com ela, de toda a vida cristã.

O assunto é importante, não só para seguirmos de perto o nosso Mestre, mas também para ajudarmos os outros a conhecê-lo e para que aprendam a ser cristãos a toda a hora, tanto nos tempos de cansaço e sofrimento, como nos de lazer e convívio repousante com os amigos.

Que saibam que a alegria, a diversão, o jogo, o riso, a brincadeira não se opõem à união com Deus; e que, pelo contrário, sem essas normais manifestações de júbilo, de amizade, de amabilidade, de amor, não podem ser bons discípulos de Cristo, nem sequer entender muitas das suas palavras e dos seus gestos. Mais ainda: que, se porventura — ou melhor, por desventura — tendem para a melancolia, devem reagir contra essa má inclinação.

Não faz sentido apresentar a vida cristã sem alegria sincera. Como poderíamos anunciar uma Boa Nova aos suspiros?

Vamos, pois, pensar um pouco no riso, no bom humor, e ver o lugar que tem na vida do homem cristão.

O RISO

É natural que não consideremos o riso uma coisa séria. Ele próprio se encarrega de ridicularizar-se. O grave cavalheiro que de repente abre as mandíbulas, atira para trás o crânio, lança as mãos à barriga e solta uma cascata de vogais estrídulas... A solene madame que de súbito estende o bico de orelha a orelha, mostra duas fileiras de favas brancas e se põe a cacarejar... Mas, aí de nós se nos faltasse o riso! Nem queremos pensar. Que funeral seria a vida!

Passamos grande parte da existência a rir. Quase não sabemos conversar sem alguma brincadeira. Logo, mesmo que não tomemos o riso a sério, não podemos negar-lhe alguma importância.

Será perda de tempo? Fraqueza humana? Simples sinal distintivo deste pitecantropo? Para que serve rir? Que sentido e utilidade terá na vida humana e na vida de um cristão?

E, antes de mais, por que rimos?

Li há bastantes anos o célebre ensaio de Bergson sobre o problema, mas confesso que não me lembro senão da piada mais breve que ele conhecia, aliás de humor negro. Um cego pergunta a um paralítico: — «Como vai?» E responde o paralítico: — «Como vê...»

Faz-me lembrar um breve episódio, verdadeiro, acontecido há pouco num colégio. Um original professor lembrou-se de propor o seguinte tema de redação: «Que acha desta pergunta?» Os alunos, desconcertados, falaram do que puderam... Mas um deles escreveu simplesmente, com esfuziante aplauso do mestre: «Que acha desta resposta?»

Pois é. Quando ouvimos uma piada, não resistimos a contar outra... Por que será que rimos e gostamos de fazer rir?

Há pessoas com tão pouco sentido de humor que querem ver no riso apenas um fenômeno fisiológico. Tenho diante de mim um recorte do *Daily Telegraph* (13-IX-83). Guardei-o para divertir-me de vez em quando. Diz o articulista de Nova York que «a universal sabedoria popular de que convém usar o sorriso como um guarda-chuva contra as tempestades (da vida) está perto de receber um poderoso apoio das pesquisas científicas»! E explica: a ilustre Universidade da Califórnia descobriu que o riso é algo mais do que uma «reordenação dos músculos faciais». Quem diria! Será então que os pesquisadores universitários descobriram finalmente a alma ou, pelo menos, a «psique»? Não senhor: apenas que a tal «reordenação» muscular produz efeitos emocionais muito peculiares no sistema nervoso!...

E o artigo continua no mesmo tom «científico», que não vale a pena explanar. Ao lado, uma outra notícia, vinda de Glasgow: proibiu-se o sr. Mach, funcionário dos Correios, de usar máscara contra fumo de tabaco no escritório...

Quem não vê os aspectos caricatos da vida? Tínhamos perguntado: por que rimos? Não seria melhor perguntarmo-nos: por que não rimos ainda mais?

O sentido de perspectiva

Rimos porque o mundo é cômico e nós o somos também. Chesterton queixava-se de que, sempre que escrevia *cósmico*, era certo e sabido que na tipografia o trocavam por *cômico*. Mas, no fundo, concordava: tudo o que é cósmico é cômico.

Basta pensar na girafa, no avestruz, no hipopótamo... Ou em nós mesmos! Olhar-nos ao espelho e reparar nessa bola meio amassada que trazemos em cima do pescoço, com dois abanos dum lado e doutro, mais dois pisca-piscas, mais o focinho esburacado... Nós, estes seres urbanos, encaixotados em cubos e cubículos, com gente a andar por cima de nós e outra gente por baixo...

Por que rimos? Porque somos seres extraterrestres. Nem mais, nem menos. Pelo corpo, somos daqui; pela alma, de fora. Se fôssemos só da terra, acharíamos tudo natural, sensaborão, anódino, como acontece com o caracol e a barata; mas, a nós, tudo nos é de certo modo estranho;

não acabamos de habituar-nos totalmente a esta existência.

Por isso não acredito nos outros extraterrestres. Andam por aí às voltas, assistem ao nosso espetáculo, e não desatam a rir conosco? Então, ou não existem ou são tolos. E, para não os ofender, prefiro que não existam.

Extraterrestres somos nós. Não somos daqui. Tudo nos surpreende: a terra, o céu, os bichos, as estrelas, nós mesmos, esta curiosa existência que ora nos assusta, ora nos maravilha, ora nos diverte... E por quê? Porque somos seres inteligentes. Percebemos, por um lado, que a vida é coisa séria, «um negócio muito perigoso», como dizia Guimarães Rosa; e, por outro, que é uma grande anedota, «uma história de doidos contada por um idiota», na conhecida expressão de um personagem de Shakespeare. Quem só vê um destes aspectos está zarolho de entendimento, porque efetivamente a vida é ambas as coisas.

Quem não reconhecerá que somos grandes e minúsculos ao mesmo tempo? Existentes e sem razão de existir? Com aspirações infinitas e queda de cabelo? Imortais que se resfriam? Enfim, alma e corpo em unidade esquisitíssima? Terrestres como as galinhas e extraterrestres como os Anjos! Pela alma, com anseios de eternidade; pelo corpo, queremos feijoada...

A realidade tem de ser vista com ambos os olhos. Se falta um, perde-se perspectiva: acumulam-se as formas e as cores diante de nós, como se estivessem coladas umas às outras, num mesmo plano, e custa-nos imaginá-las separadas no espaço, mais próximas ou mais distantes.

Algo de semelhante acontece com a inteligência: se não focaliza os vários aspectos da vida, dá a tudo igual importância e pouco entende dela. Ou toma tudo a sério, preocupando-se tanto com a ameaça nuclear como com o atraso do ônibus (e daí procedem esses terríveis maçantes que dramatizam tudo), ou leva tudo na brincadeira — e daí nascem os piadistas incorrigíveis, que só sabem responder com trocadilhos às questões mais transcendentes. Por sinal, os trágicos provocam riso, e os piadistas dão pena...

Pessoa normal será a pessoa com bom humor, com sentido das proporções, capaz de ver o côncavo e o convexo, o grandioso e o mesquinho, o profundo e o superficial. Talvez não saiba por que ri nalgumas circunstâncias, mas costuma acertar. Só há pouco tempo compreendi, por exemplo, a razão de ser do nosso riso espontâneo quando vemos um ilustre sujeito a estatelar-se no chão (desde que não se machuque muito...). Quem mo explicou foi certo personagem de uma peça de Eliot: é porque, de repente, vemos o sujeito transformar-se em objeto! A respeitável pessoa foi dominada pela lei da gravidade, e essa mistura e conversão de sujeito em coisa a rebolar é realmente surpreendente e cómica.

A propósito da gravidade, volto a citar Chesterton. Referindo-se à queda dos Anjos maus, diz ele que caíram justamente pela força da gravidade; tornaram-se tão *graves,* levaram-se tanto a sério que se despenharam em queda livre até ao inferno! Faltou-lhes a humildade do bom humor. Não aceitaram ser simples criaturas, com as inevitáveis limitações, apesar da sua grandeza; encheram-se de soberba, de autossuficiência, de solenidade, e — zás! — despenharam-se no abismo!

O bom humor é sabedoria, leveza, humildade, higiene mental, sanidade, realismo, e respeito por Deus, nosso

Criador. Por isso, o profundo filósofo que não aprecia uma boa piada não é um autêntico sábio. E até um místico que não saiba rir de si mesmo não alcança a plena perfeição.

Com isto não vou negar a grande santidade do ilustre Doutor da Igreja e mestre de vida interior que foi São João da Cruz. Só lembro a correção bem humorada que lhe fez um dia a sua mãe espiritual, Santa Teresa de Jesus, numa ocasião em que se entretinham com outras pessoas num jogo de leves glosas a temas que ela propunha e que depois julgava. Pois o comentário final que fez à profundíssima glosa do Santo Doutor foi esta: «De gente tão espiritual, livre-nos Deus!»

A *eutrapelia*

Existe ainda outro motivo para o bom humor: a necessidade do descanso.

Quando São Tomás de Aquino se enfrenta com a questão de saber «se nos jogos (ou brincadeiras) pode haver alguma virtude», soluciona-a de forma positiva, «visto que o homem necessita de vez em quando de repouso corporal [...] e a alma exige também a submissão a essa mesma lei, pois as suas energias são igualmente limitadas, e quando se excedem no modo de atuar provocam fadigas [...]. Sabendo, portanto, que o descanso da alma se acha no prazer [...], devemos buscar para isso um prazer adequado».

Anteriormente, já havia indicado qual o prazer adequado: «Esse relaxamento consegue-se por meio de jogos de palavras e de ações». E acrescenta que «o próprio Aristóteles nos fala da virtude do jogo, a que ele chama *eutrapelia*, e que nós poderíamos traduzir por *iucunditas*» (alegria) (*S.Th.*, II-II, q. 168, a. 2).

Há uma história atribuída a São João Evangelista — e que já li atribuída a Santo Antão — sobre este assunto. Diz a lenda que alguém passou junto do Apóstolo quando este se entretinha em conversa divertida com os seus discípulos, e se escandalizou ao ver o santo tão à vontade. (Na lenda paralela de Santo Antão, este brincava a sós com uma perdiz, o que é mais difícil de imaginar...). E, percebendo o Apóstolo a perplexidade do escandalizado (no caso de Santo Antão era um caçador que passava...), perguntou-lhe por que motivo os caçadores não usavam sempre o arco retesado para o tiro. Porque a corda perderia força se estivesse sempre tensa, respondeu o outro. Assim é com a alma, concluiu o Santo.

Não podemos viver sempre em tensão física nem psicológica. Precisamos relaxar-nos de vez em quando para nos mantermos equilibrados, sãos de juízo.

Não faltam no Antigo e no Novo Testamento exortações à alegria e à boa disposição de espírito: *Anima-te e alegra o teu coração, e lança para longe de ti a tristeza, porque a tristeza matou a muitos e não há nela nenhuma utilidade* (Ecli 30, 24-25).

Aliás, trata-se de uma experiência universal. Todo o mundo sabe como os tristonhos carregam o ambiente e estão sempre a um passo da agressão. E em parte nenhuma faltam os «transcendentes» a que me referi acima, os que dramatizam tudo, sentindo-se constantemente sob o peso de enormes responsabilidades. Recordo um provérbio banto que prova a mesma experiência nessa tribo africana: «Por que hás de levar o mundo às costas, se ninguém to vai pedir?»

O peso das responsabilidades — reais ou imaginárias — pode esmagar qualquer pessoa, se passa excessivo tempo sem descansar. As preocupações acumuladas acabam por dominar-lhe a memória e a imaginação, e sobrevém-lhe o *stress*, como chamamos hoje à velha «melancolia».

Contra formas agudas de tristeza, São Tomás, muito prático, aconselha banho quente ou então um belo jantar... Na minha terra aconselha-se coisa mais original: sentar-se à beira do rio e olhar para montante. Vendo as águas a correr para si, o homem fatigado sente-se reconfortado pela dádiva incessante da Criação... Nunca o experimentei. No entanto, sei que Bernardim Ribeiro fez a experiência oposta, e ainda hoje chora nos seus livros a morte de um passarinho arrastado na torrente...

Hoje em dia, recorre-se sobretudo à farmácia. Engole-se um comprimido, e depois outro, e outro ainda mais forte, até se cair em letargia. Mas mais vale prevenir do que remediar. Descanse-se. Quando não repousamos devidamente, com a tristeza vêm tantas outras coisas más... Como a preguiça, por exemplo. Dizia São Jerônimo que, «quando o burro vai cansado, encosta-se a todas as esquinas».

Lembro-me de um ótimo diretor espiritual que não teve nenhum escrúpulo em aconselhar, como leitura espiritual, a uma pessoa excelente e seríssima, histórias em quadrinhos. Agora dão-lhes o nome de *comics*. Como os adultos gostam tanto delas, preferem dar-lhes um nome mais sério, mais digno de suas excelências. Têm vergonha de sentir-se crianças, quando os entretenimentos infantis podem ser precisamente uma das formas do seu necessário descanso.

Ainda do Antigo Testamento: *Se te fizerem presidir a um banquete, não te ensoberbeças; porta-te, entre os convidados, como um deles. Cuida deles primeiro, e depois senta-te; cumprido o teu ofício, recosta-te, para te alegrares com os outros e seres louvado pela tua boa disposição. Se és ancião, fala como convém à tua idade — mas não impeças a música!* (Ecli 32, 1-5). Ainda que sejas adulto ou velho, brinca e deixa brincar. Aprende dos mais novos o gosto pelo jogo e pelos ritmos, e acompanha-os se puderes, mas pelo menos não os impeças de se divertirem.

Hoje em dia somos tão superficiais, dizia Oscar Wilde, que não vemos o valor da superficialidade! E gosto de citar Pio XII quando falava do cinema de entretenimento: também tem a sua missão, escrevia, porque o homem não é só profundidade; também é superfície.

Efetivamente, se o homem não vem à superfície de vez em quando, afoga-se na sua seriedade.

A propósito, sabem aquela do outro que gostava tanto de cerveja? Afogou-se.

— Como foi isso?, perguntou um amigo ao saber da desgraça.

— Pois olha, precisamente num tanque de cerveja! Tinha ido visitar uma fábrica, inclinou-se demais sobre um depósito e caiu lá dentro!

— E morreu logo?

— Não, não; ainda veio à tona duas vezes pedir batatas-fritas...

Temos de vir frequentemente à superfície das nossas responsabilidades para pedir «batatas-fritas» que as suavizem ou, como os mergulhadores, para recarregar os tubos de oxigênio. E vir à superfície significa, segundo São Tomás, descansar por meio de jogos de palavras e outros. Certamente não se referia a meros trocadilhos, mas à conversa amável sobre qualquer assunto, sem pretensão de resolver problemas; uma conversa amiga em que se fale mais do pitoresco, do curioso e do gracioso do que do profundo.

Ora, esse tipo de conversa *fácil* pode não ser fácil, isto é, pode não ser tão espontânea como o adjetivo sugere. Assim como há pessoas que não sabem descansar, há quem não saiba conversar. Para tudo são precisos hábitos, e adquirir um hábito requer sempre algum esforço.

Há quem não saiba descansar por não ter cultivado nenhum gosto que não seja o da sua profissão. Para esse, a interrupção do trabalho coloca-o perante o vazio, o ócio, a solidão talvez — e a solidão (ouvi um locutor dizer) nunca vem só...

Há quem não saiba conversar porque não se interessa senão pelos problemas da sua especialidade; e deixar de falar deles significa, para ele, mutismo e aborrecimento.

Portanto, o tal «jogo» de palavras exige algum treino; é uma arte a adquirir: interessar-se pelo que os outros dizem, evitando a polêmica, a discussão; trazer à memória ideias ou episódios relacionados com o que se está dizendo; aplicar-lhes a imaginação; responder de outro ponto de vista; etc.

O amor

Ainda outro motivo para o humor: o amor. O amor e a amizade. O homem que ama é feliz (sobretudo se é correspondido) e brinca. A alegria própria da amizade manifesta-se em riso, em jogo, em brincadeiras.

Veja-se um pai «derretido» com o seu nenê: todo ele é um palhaço improvisado. Faz caretas, triques--triques, pula, agacha-se, assobia... Veja-se um casal de namorados: todos eles são olhinhos risonhos, gargalhadinhas soltas, e às vezes até jogos de mãos nada recomendáveis... Veja-se um bando de folgazões: aquilo é desfrutar do mundo como se fosse um espetáculo de circo...

A felicidade leva ao bom humor. Tudo lhe serve de pretexto para desabafar alegrias.

— Gosto muito de perder no pôquer!

— Mas não gosta de ganhar?

— Ui, isso de ganhar é ainda muito melhor!

Quem é feliz gosta do jogo da vida. Perca ou ganhe alguma partida, tanto faz, pois a vida está ganha de antemão.

E quando o amor ou a amizade são trabalhosos, pelas dificuldades da existência, sendo a amizade autêntica e o amor verdadeiro, o bom humor aparece também para animar os amigos. Quantos casos magníficos, como o do bom humor com que Thomas More confortou mulher e filhos nos tempos do seu martírio! E quem não sabe de tantas chalaças heroicas com que muitos soldados, a um passo da morte, têm levantado o moral dos companheiros em luta!

Vem-me agora à lembrança aquela mãe, ainda jovem, que com ar divertido me dizia:

— «Sempre me assustaram as falências... Pois o meu pai faliu! Sempre me assustou o câncer... Pois aqui o tenho! E sempre me assustou a morte... Pois vai ver que morro mesmo!» E morreu, exausta, mas serena.

De outra pessoa, um bom cristão que conheci vagamente, contaram-me que, quando lhe perguntavam como estava — estando ele gravemente doente —, sempre respondia:

— «Melhor, melhor, muito obrigado!», embora fosse piorando a olhos vistos. Até que um dia se explicou:

— «Estou melhor, melhor... Melhor do que mereço!»

E, já agora (esta não garanto), dizem que Muñoz Seca, famoso humorista espanhol, foi condenado à morte durante a guerra civil de 1936-39 por ter zombado dos comunistas; e que, antes de ser fuzilado, teve ocasião de fazer uma declaração solene:

— «Podeis tirar-me a fortuna, podeis tirar-me a honra, podeis tirar-me a vida! Mas há uma coisa que não podereis tirar-me: o medo que tenho de vós!»

O bom humor é uma força, capaz de transformar uma situação violenta numa interessante aventura.

Assim o aconselha o meu repetido Chesterton, exemplar cultor do bom-humorismo: se a gaveta da sua escrivaninha se recusa teimosamente a abrir-se, não se irrite; encare essa resistência como um desafio e como uma luta titânica entre gigantes;

e, cheio de ardor bélico, lance-se à tremenda batalha, até vencer o inimigo e desventrar-lhe os papéis!

Na verdade, o bom humor está unido ao espírito esportivo (o que é o esporte senão um jogo?), e é igualmente comunicativo; assim se acaba por vencer dificuldades que a tristeza e o pessimismo tornariam insuperáveis.

As razões sobrenaturais

Todas estas razões para o bom humor são reforçadas extraordinariamente no cristão.

Quanto à consciência da comicidade da vida, do contraste da nossa pequenez com a nossa grandeza, o reforço é evidente: à natural condição miserável deste bichinho do espaço, deste fugaz micróbio que é o terráqueo, acrescenta-se (ou subtrai-se, se assim o preferirmos) a nossa miserabilíssima condição de pecadores. Somos menos que nada; somos negação! E, simultaneamente, somos filhos de Deus, irmãos de Deus, participantes da natureza divina! *Sois deuses*, diz-nos o próprio Deus (Sl 81, 6). Por uma maravilhosa adoção, vivemos da própria vida divina, através da graça!

O corpo desfaz-se em lixo, e a alma vê Deus face a face! E este corpo misérrimo ressuscitará no fim para uma glória eterna!

É o contraste supremo! É sorte de enlouquecer. Mas como, graças a

Deus, não enlouquecemos por isso, é de encher-nos de alegria. E daí o bom humor cristão. Tudo acaba bem! Ora, não terá graça que tudo — seja o que for — acabe bem? Doenças, guerras, crueldades, desastres, dores de dentes, negócios, assaltos na rua, visita inesperada de maçantes etc., tudo serve à Providência divina para nos conduzir à glória celestial. Que confusão divertida!

Assim se explica que os Apóstolos, com tanto amor que tinham por Cristo, em vez de chorarem a despedida, na Ascensão aos céus, voltassem a Jerusalém *cheios de alegria* (cf. Lc 24, 52). Era lógico: a partir dali, já nada os podia perturbar; nem perseguições, nem mortes. Tudo era providencial, caminho certo para a felicidade eterna com Cristo no céu!

E agora, que somos membros de Cristo e herdeiros com Ele da glória celeste, qualquer açãozinha que eu faça na graça de Deus é obra de Cristo; qualquer oraçãozinha que reze, é prece de Cristo; qualquer pequeno sacrifício, união com a Cruz de Cristo! A nossa pequenez alcança uma grandeza espantosa. Somos mais poderosos que o Rei Midas, dizia o Fundador do Opus Dei. O rei lendário transformava em ouro tudo o que tocava (que alegria a dele..., até quebrar os dentes numa perna de frango!), e nós podemos converter tudo o que fazemos em ação de Cristo.

Como se harmonizaria esta nossa fé com uma cara comprida? Seria contraditório. Que de vez em quando nos sintamos tristes ou assustados, vá lá, porque somos homens; mas uma atitude habitual de melancolia ou mau humor seria inadmissível num cristão.

Quanto ao segundo motivo de bom humor, o do descanso — donde nasce a tal virtude da «eutrapelia» ou *iucunditas*, que se traduz num repousante «jogo» de amizade —, também não falta ao cristão. Precisamos do descanso porque a graça sobrenatural não nos transforma em super-homens.

Conta André Frossard que, no campo de concentração, alguns

companheiros de desgraça o invejavam por ele ter fé. Pois — confessavam — para eles não havia esse recurso interior perante o risco de morte, ao passo que ele gozava de esperança... Pois sim, respondia Frossard; mas era como quem vai ao dentista: bem sabe que depois ficará bom; mas só de pensar na broca!...

O próprio Thomas More, o homem forte, capaz de desafiar, numa tremenda solidão de fé, todo o reino da Inglaterra, depois de anos e anos de dura penitência e oração, declarava com todo o realismo estar convicto de que ninguém gosta de ir para o céu senão depois de ter chegado lá.

E aquela pobre velhinha moribunda, que o sacerdote animava

com a perspectiva da pátria celestial, também o exprimiu muito bem: — «É verdade, senhor padre... Mas — sabe? — onde a gente está melhor, sempre é na nossa casinha».

A graça, a fé, não nos converte em super-homens, não senhor. Cristo era perfeito Homem e perfeito Deus, e, no entanto, cansou-se muitas vezes e precisou (quis precisar) do descanso.

Não somos mais que o Mestre, e por isso a alma do cristão, como a de qualquer outro homem, não aguenta uma tensão contínua, exceto por especial assistência de Deus. Daí a necessidade do descanso espiritual e físico.

Já referi o jogo em que se entretinha Santa Teresa com os seus piedosos amigos. Podemos ter a certeza de que encontraríamos exemplos semelhantes na vida de todos os santos. Aliás, já falei também do próprio Apóstolo São João, assim como de Santo Antão e do tal divertimento com a perdiz, que sempre me fez espécie. Bom, à falta de melhor, até um lagarto serve, não há dúvida. Nesse ponto os meninos dão lições magistrais. Também nesse sentido devemos ouvir o conselho de Cristo: ser como as crianças...

E quanto à terceira razão, a de amor, de amizade sincera e animosa, é claro também que os cristãos possuem motivos sobrenaturais para o bom humor. Pois se o amor humano produz alegria e boa disposição, apesar das suas imperfeições, quanto mais o amor de Deus!

É verdade que, no domínio da sensibilidade, os afetos terrenos costumam ser mais vivos; o amor a Deus, a Quem não vemos, incide sobretudo na inteligência e na vontade, mais do que no coração, no campo dos sentimentos. Em compensação, é mais profundo, concede ao homem uma certeza maior e uma perspectiva imensa, e confere à nossa vida um sentido último, definitivo, geral e absolutamente superior a qualquer objetivo temporal. Enfim, ilumina de tal modo o mundo e a nossa existência, que tudo cobra um sentido e um valor eternos.

Enquanto o pagão — o agnóstico, o ateu, o frívolo — só se *sente* feliz às vezes, quando se esquece das sombras que o ameaçam, o cristão *é* feliz, mesmo quando se vê rodeado de sombras; o pagão sente-se feliz quando se distrai da sorte que o espera; o cristão, quando se lembra dela. O pagão está contente quando se distrai da realidade; o cristão fica triste quando se esquece dela. Quando vive a sua fé a sério, enche-se de esperança, e a esperança torna alegre o seu amor a Deus.

Veja-se a diferença entre um templo pagão e uma igreja nossa: o peso avassalador, desumano, do templo pagão atemoriza-nos; uma igreja nossa, por maiores dimensões que tenha, é quase um salão de festa. A casa de Deus passou a ser também a *nossa* casa, uma casa de família, onde nos sentimos serenos e aconchegados.

Mesmo quando peca, o cristão pode olhar o futuro com confiança, pois conta sempre com o perdão paternal do Senhor, e por isso a sua visão da vida é sempre positiva. Como fazem notar os entendidos em literatura, com o advento do cristianismo desapareceu o antigo gênero teatral da tragédia. E, se alguns escritores cristãos o cultivaram depois, foi só como «gênero literário» de imitação, não como fruto de uma concepção fatalista da vida. O fatalismo cego acabou. Quem tem um mínimo de fé, sabe que a Providência divina tudo governa para o nosso bem e que o homem pode refazer sempre os seus caminhos, porque é livre e Deus é Pai.

Desta forma, a alegria é o pano de fundo da vida cristã. Ainda que por momentos, dias ou anos, a tristeza possa empanar o nosso panorama, nunca se apresenta como a atitude própria de um discípulo de Cristo. É sempre um problema a resolver, uma anomalia, uma incoerência com a fé.

E daí também que São Paulo nos exorte à alegria como verdadeira obrigação: *Andai sempre alegres!* (1 Ts 5, 16), *Alegrai-vos sempre no Senhor, repito, alegrai-vos* (Fl 4, 4). Não tinha dito o Senhor que viera ao mundo para que tivéssemos alegria e a nossa alegria fosse completa?

(cf. Jo 15, 11). Mesmo que ouvíssemos falar de guerras e catástrofes, não nos devíamos inquietar; pelo contrário, devíamos alegrar-nos, visto que eram sinais da Sua última vinda gloriosa e da salvação final (cf. Mt 24).

Logo, nada mais próprio do discípulo de Cristo do que a serenidade, a alegria e, naturalmente, o bom humor que as acompanha.

O «bom humor» divino

Somos tentados, contudo, a pensar que o bom humor — esse gozo repousante da ligeireza da vida, esse reconhecimento humilde e sadio dos contrastes da nossa natureza mista (corporal e espiritual), esse jogo superficial com que se expande a nossa felicidade —, somos tentados a pensar, dizia, que é coisa só nossa, dos terráqueos, desta arraia-miúda; não de Deus.

Talvez a solenidade do culto litúrgico, com todo o respeito da adoração que devemos à Divindade, oculte a realidade do bom humor de Deus a quem não se habituou à intimidade pessoal com o Senhor. Para uma pessoa sem vida interior, pensar num Deus risonho poderá parecer quase uma falta de respeito. Nós poderemos brincar; mas Ele é grave e sério. Ele consentir-nos-á o jogo, mas não desce a esse nível...

Enganamo-nos. *Quem fez os olhos, não verá?* (Sl 93, 9). Quem fez a alegria, não rirá, não poderá brincar? *Dominus irridebit eos*, diz o Salmo 2 — o Senhor rir-se-á deles, dos grandes soberbos que se levantam contra Ele. Não se indignará apenas com tamanha ofensa, como se eles pudessem perturbá-lo; é grave, mas não deixa de ter graça que um bichinho de lama se arme em rival do Todo-Poderoso.

Dir-se-á que este exemplo é fraco, porque o «rir-se-á» do Salmo seria tão somente uma força de expressão, um modo humano de exprimir a supremacia de Deus... Não me parece. Apesar de esse «riso» divino ir acompanhado de ameaças terríveis — *quebrá-los-á como vasos de barro!* —, manifesta uma supremacia amorosa e misericordiosa; se a Sua ira fosse absoluta, sem contemplações, não ameaçaria — aniquilava-os, pura e simplesmente.

É o mesmo que acontece nas diatribes tremendas e nas respostas duríssimas de Jesus aos fariseus: só revelam a infinita paciência e a magnânima mansidão de Cristo. Se tomasse totalmente a sério as suas blasfêmias, nem lhes responderia; reduzia-os a pó naquele mesmo instante ou precipitava-os imediatamente no inferno.

Aliás, há tantas outras provas do bom humor de Deus! Já falamos, por exemplo, das girafas e dos hipopótamos... E já estou ouvindo o protesto dos sensaborões: que não senhor; que são bichos sérios; que, se a gente ri, é por distorção mental; que merecem respeito... E eu a rir-me. Então o Senhor não os fez para nós? E tê-los-ia criado sem pensar no efeito que nos iam causar? São realmente caricaturas nossas! Walt Disney tinha muita razão.

O Senhor podia fazer bichos nada parecidos com o homem, e efetivamente fez muitos; mas a maior parte dos que nos são familiares (salvo seja!) têm cabeça como nós, corpo e membros (e a cauda, que nos faz tanta falta!), dois olhinhos ou dois olhões, nariz furado ou focinho bicudo, dentuça e língua, orelhinhas e orelhões, mato bravo no crânio e pelo pescoço abaixo... Não me digam que o Criador precisava repetir o modelo por ausência de imaginação! E que não previa a nossa espontânea associação de imagens! Foi mesmo para nos dizer a rir: «É verdade; nesse aspecto, sois primos!»

Volto a Chesterton, quando ironizava com os evolucionistas fanáticos: que o homem se assemelha ao macaco, é evidente; o que chama a atenção são as diferenças...

E volto a Guimarães Rosa: «Um orangotango de rugas na testa; que, sem desrespeito, tem vezes lembra Schopenhauer»; «O macaco: homem desregulado. O homem: vice-versa; ou idem»; «O macaco está para o homem assim como o *homem* está para o *x*»; «O diverso, no riscado da zebra: quanto ao corpo, é uniforme: mas, na cara, é tatuagem?»; «O cômico do avestruz: tão cavalar e incozinhável, tenta assim mesmo levitar-se...»

Apetecia-me reproduzir aqui cada uma das suas argutas e divertidas observações zoológicas no póstumo *Ave, Palavra*, pois são um exemplar exemplo desse cômico parentesco da humanidade com a animalidade, mas temos de seguir adiante.

Sim, «a alegria» divina manifesta-se claramente em toda a Criação. Ainda antes de recorrer a essas caricaturas que são os bichos, repare-se que toda a Natureza é um imenso quebra-cabeças que Deus põe diante dos seus filhos: «Entretenham-se. Vamos ver se vocês descobrem as regras!» E o homem olha e reolha, pensa e repensa, vê se tudo dá certo, solta *eurekas*, volta a repensar, mira por binóculos, remira por óculos, mede que mede, solta mais eurekas, e nunca mais termina, porque atrás de cada luz há outras mil engavetadas, à espera de vez.

Foi esse exatamente o primeiro trabalho do homem, segundo nos diz o Gênesis: o trabalho intelectual, a investigação, «dar nome» às coisas (cf. Gn 2, 20), e desde então o jogo da ciência nunca mais cessou, nem promete ter fim.

Depois, veio o pecado. O homem arremedou o diabo e quis ser como Deus. E Nosso Senhor teve pena, mas também se riu: «*Ora, aí temos Adão tornado como um de nós!*», comenta o Senhor perante o espetáculo de Adão e Eva cobertos de peles (Gn 3, 22). E voltou a rir quando o homem quis chegar ao céu à força de tijolos. Na linguagem inspirada da Bíblia, ao contar a história da torre de Babel — que representa a teimosa repetição, nada original, do primeiro pecado —, o Criador teve de *descer* do céu para *conseguir ver* a *grande* obra que os homenzinhos erguiam. «*Eis aí um povo unido!*», ri-se Deus dos presunçosos construtores, confundidos no *maremagnum* das línguas (Gn 11, 6), *maremagnum* em que ainda permanecemos e que, a par da sua incomodidade, continua a dar origem a tantas situações ridículas entre nós, bem divertidas para quem não tenha perdido o sentido de humor.

Na Sagrada Escritura o Senhor revela-nos realmente um rosto majestosamente risonho. A sua Onipotência manifesta-se sempre *suaviter et fortiter*, suave e forte (Sb 8, 1), o que é lógico, pois nada o pode perturbar. Nada o obriga a iras destemperadas. Nada lhe faz perder o «bom humor» que flui do seu poder e da sua felicidade infinitas.

Sim senhor: Deus brinca no orbe da Terra! *Ludens in orbe terrarum*, declara a Palavra divina (Pr 8, 31), *et deliciae meae esse cum filiis hominum!* — e as suas delícias são estar com os filhos dos homens, que são antes de mais seus filhos (*ib.*).

É muito importante esta verdade. Não só porque manifesta o sincero, terno e feliz amor de Deus pelas suas criaturas, mas além disso porque, se nos esquecermos da alegria divina, não saberemos lidar com Ele. Os filhos têm de conhecer bem os pais; têm de saber que o pai os ama para não se assustarem com a cara séria que faz às vezes. É tudo carinho! Daí a pouco verão como o pai gosta deles!

Temos de entrar no jogo amoroso do nosso Pai, Deus. Senão, passamos maus bocados sem necessidade. Nunca receemos nada vindo dEle. *Quem teme não é perfeito no amor*, diz São João (1 Jo 4, 18). A própria morte — que foi uma opção nossa, pelo pecado — converteu-se num jogo. —

«Fecha os olhos e abre a boca», diz o pai ao menino. E o menino obedece, e logo sente no paladar o doce que mais deseja. Assim é a morte dos filhos de Deus: num abrir e fechar de olhos, entramos na Vida eterna!

O bom humor de Cristo

Ah, se nós víssemos Deus!... Pois já o vimos! «*Quem me vê, vê o Pai*»; respondeu Jesus a Filipe quando este lhe pedia isso mesmo: «*Mostra-nos o Pai!*» (Jo 14, 8).

Cristo é a Revelação máxima de Deus. Através da sua natureza humana — das palavras, dos gestos —, conhecemos o máximo que se pode conhecer sobre a intimidade divina.

E boa parte dessa revelação consiste na profunda alegria de Jesus, expressão da felicidade e do amor de Deus.

Ao mesmo tempo, Jesus «revela o homem ao próprio homem», como afirma o Concílio (*Gaudium et spes*, 22) e o Santo Padre João Paulo II tanto gosta de repetir. Jesus é perfeito Homem, modelo de humanidade. Não super-homem; não homem diferente dos outros por especiais faculdades recebidas. Superior, sim, por ser Deus, não por gozar de uma natureza humana superior (que, por conseguinte, não seria humana)*.

(*) Quando Cristo faz milagres, não os faz usando de poderes «psíquicos», «mediúnicos», «astrais» ou quaisquer outros poderes fantasmagóricos sobre-humanos, inventados por ingênuos, ignorantes e comerciantes de superstições; faz milagres porque é Deus.

Mas pode-se dizer que é *mais humano* do que ninguém, porque não tem o pecado que degrada a nossa natureza. E como tal, como perfeito Homem, é psicologicamente equilibrado e plenamente rico de inteligência e sentimentos.

Bastava pensar nisto para concluirmos que tem sentido de humor. Não lhe falta nenhuma virtude natural, e portanto não lhe falta a «eutrapelia», *iucunditas*, ou bom humor.

A tal virtude do jogo significa ter sentido das proporções, da relatividade dos problemas humanos segundo a sua maior, menor ou mínima importância, e a captação rápida dos curiosos contrastes — voluntários ou involuntários — que se dão entre as nossas intenções e palavras, entre palavras e atos, etc., e que são tão frequentes nas relações sociais. Ora, é evidente que Jesus não podia carecer dessa sensibilidade.

Os Santos Evangelhos, porém, oferecem-nos elementos abundantes e expressos para verificarmos essa virtude em Cristo. É suficiente lembrarmo-nos da cordialidade do Senhor com as crianças, ou com os chamados «pecadores» — gente espiritualmente rude e ignorante — para deduzirmos que Ele era dotado de enorme simpatia, o que é inseparável da graça humana, do riso espontâneo e oportuno, da resposta ágil que alivia o ambiente e salva da vergonha quem se enganou ou cometeu alguma impertinência.

Realmente, poderíamos explicar a atração que exercia sobre os meninos por uma atitude sempre grave e circunspecta? Ou imaginar a euforia de Zaqueu, surpreendido no seu poleiro improvisado, simplesmente por uma ordem imperiosa e taciturna do Mestre?

Lembram-se do episódio? Zaqueu, o cobrador de impostos (odioso indivíduo!), o ricaço espertalhão que se encarapita numa árvore para ver Cristo passar... Aquele homenzinho atarracado, mas cheio de vitalidade, também quer conhecer o Profeta de quem todos falam. E, como não está habituado a olhar a meios para conseguir o que quer, sobe ao sicômoro, e dali o vê perfeitamente. Ainda por cima, o Profeta parou bem em baixo... E, de repente, olhou para cima, para ele! Com essa é que Zaqueu não contava! Toda a gente a vê-lo, aquela chusma a rir... E até o Profeta sorri! Mas que emoção estranha ao ouvir o Mestre pronunciar o seu nome: — *Zaqueu!* Como é que Ele o conhecia? *Desce daí depressa!*, e já Zaqueu desliza a perna... *Porque hoje tenho de ficar em tua casa.* Do ridículo ao triunfo, num instante! Ele já está a abraçar Jesus, a ensinar-lhe o caminho, a palrar de contente, como uma criança. A sua vida mudou. Que riquezas nem meias riquezas! Haverá maior riqueza do que a amizade de Jesus?

E aquilo foi um lançar a casa pela janela fora: «*Senhor! Vou dar metade dos meus bens aos pobres! E, se defraudei alguém em qualquer coisa, dou-lhe quatro vezes mais!»* (Lc 19, 2-18).

Assim era — e é — Jesus. A simpatia em pessoa. Só os tolos resistiam ao seu chamamento. A gente simples, não. *Segue-me*, diz ao pescador; e o pescador já não quer saber de redes, de pescas, nem de casa... *Segue-me*, diz a um cobrador de impostos, e Mateus larga bolsas, contas, moedas, tabelas, e dá um jantar de despedida aos amigos!

E as parábolas? Basta ouvi-las para comprovar a alma sorridente de Jesus. Com que graça descreve as inúmeras miudezas da vida corrente!

As suas figuras são desenhadas com uma vivacidade extraordinária e o Senhor chega a extrair lições dos próprios defeitos, como no caso do administrador infiel: com que *fair-play* aceitou o grande proprietário a esperteza desonesta do seu feitor!*

Veja-se ainda a graça de tantos diálogos evangélicos, como o da samaritana. À agressividade da mulherzinha, que se recusa a dar-lhe de beber porque os samaritanos são velhos inimigos dos judeus, Jesus não

---

(*) Nesta parábola (Lc 16, 1-9), Cristo louva o administrador infiel, não pelo seu procedimento desonesto, mas pela sua sagacidade; e recomenda a todos essa esperteza, mas aplicando-a a fins bons: negociar com os bens terrenos (*riquezas da iniquidade*) para adquirir os eternos. Cf. Estêvão Bettencourt, *Páginas difíceis do Evangelho*, 3ª ed., Quadrante, São Paulo, 2017 (N. do E.).

responde com dureza; diverte-se com a situação — uma pobre criatura negando água ao Criador! —, e desperta-lhe a curiosidade feminina: «*Se tu soubesses [...] quem te diz "dá-me de beber"!...*» O que dá lugar a uma animada conversa, cada vez mais cordial.

E mantém esse bom humor quando os Apóstolos voltam de comprar alimentos e insistem com Ele para que coma. Nosso Senhor, em jeito de adivinha, intriga-os: — «Eu tenho uma comida que vocês não sabem»... E assim, com um trocadilho, desvia-lhes a atenção do jejum que resolve fazer e aproveita o jogo para lhes dar doutrina sobre a necessidade de cumprir a Vontade de Deus. Essa era a «comida» secreta que o alimentava.

Até aos fariseus o Senhor replica muitas vezes com adivinhas desconcertantes, ou então — assim aconteceu alguma vez — responde a uma pergunta com outra, em desafio. Eles perguntam com que autoridade Jesus pregava. E Jesus replica: — *Eu também vou fazer-vos uma pergunta, e, se responderdes a ela, dir-vos-ei* (Mt 21, 24). É um jogo cheio de sabedoria e que levaria aqueles homens à verdade, se fossem retos, mas, de qualquer modo, é um *jogo*.

Atrever-me-ei a falar do bom humor de Cristo na Cruz? Atrevo-me. Aquelas palavras benditas — «*Pai, perdoa-lhes porque não sabem o que fazem*» (Lc 23, 34) —, sendo a expressão da sua infinita misericórdia e o modelo sublime do perdão entre os homens, são simultaneamente, no meio do horror dos nossos crimes, a consideração desse outro plano da condição humana: o ridículo da nossa enorme insensatez! O Senhor não se deixa impressionar unicamente pela responsabilidade do homem; tem igualmente presente a complexa realidade da nossa natureza ferida pelo pecado. *Ipse cognovit figmentum nostrum* (Sl 102, 14), sabe perfeitamente de que barro somos feitos, conhece bem a nossa superficialidade, a dificuldade de captarmos por completo o alcance dos nossos atos, e dá-nos uma lição espantosa de compreensão autêntica, profunda, lição daquele realismo que só com bom humor se atinge, e de que seria incapaz um homem intolerante, fanático, puritano.

Mas, se há episódios que revelem mais claramente o bom humor de Cristo, são os que sucedem à Ressurreição. Além de uma intimidade e humanidade surpreendentes (que não deviam admirar-nos, pelo que antes dissemos: que a graça não destrói a natureza, antes a aperfeiçoa; e quanto mais a glorificação!), o modo de contactar com Maria Madalena, com os Apóstolos e com os discípulos de Emaús, é, sem dúvida, gracioso.

Com Madalena, a sua simples pergunta: «*Mulher, por que choras?*», vinda de quem vem, já tem o caráter de um amável jogo. Mas a pergunta do lago de Tiberíades: «*Moços, tendes alguma coisa que se coma?*», quando quem fez o pedido é Cristo glorioso, que além disso já tem bom peixe grelhado na praia, preparado para os reconfortar, é um inegável jogo de amizade.

Contudo, nenhuma das cenas supera em bom humor a de Emaús: o Senhor que se aproxima, como um estranho, dos dois discípulos desalentados; a sua «curiosidade» ao perguntar a razão de tanta tristeza; a reação escandalizada de ambos — «*Serás tu o único forasteiro em Jerusalém que não sabe o que aconteceu nestes dias?*» — e a «ingênua» réplica de Jesus: — «O que foi?» —, tudo isto constitui o mais amável jogo de toda a História humana. Ainda por cima, Jesus faz menção de prosseguir o seu caminho, obrigando-os a inventar motivos para o reterem em casa...

Não restam dúvidas: não só podemos *deduzir* a existência de bom humor em Cristo, mas podemos *vê-lo* claramente em muitas passagens da sua vida terrena.

O MAU BOM HUMOR

Infelizmente, no Evangelho também captamos exemplos de humor degradado e desgraçado. Não faltam risos e ironias soezes contra Cristo, desde o espontâneo riso dos que rodeavam o corpo exânime de uma menina ao ouvirem Jesus dizer que ela não estava morta, mas adormecida (cf. Mt 9, 24), até às zombarias blasfemas dos fariseus lançadas contra o Senhor moribundo na Cruz.

Ouvem-se os risos abafados no grupo dos saduceus quando um

deles se adianta, esperando colocar o Mestre entre a espada e a parede com uma hipótese absurda sobre certa mulher desposada sucessivamente com sete irmãos (cf. Mt 22, 23-33), e entre os fariseus e escribas em situações semelhantes, antegozando o embaraço de Jesus perante as suas questões hipócritas e arrevesadas...

Sente-se a ironia de Pilatos ao perguntar-Lhe se é Rei, mais o cepticismo do seu encolher de ombros quando Jesus lhe fala da Verdade: «*Que é a verdade?*» (Jo 18, 38).

Ainda nos doem os gracejos dos soldados, fazendo chacota da aflição de Cristo: «*Deixa! Vejamos se Elias vem salvá-lo!*»... (Mt 27, 49).

E perguntamos a nós mesmos se o nosso bom humor será sempre tão engraçado como pensamos... Se tanta vez não terá sido cruel, amargo, cínico, frívolo, porco ou blasfemo...

A ironia parece-se «tecnicamente» com o humor sadio; consiste igualmente num jogo de palavras. Mas, tal como um comprimido de cianeto se assemelha a uma boa aspirina, e no entanto produz efeitos opostos, assim se diferenciam as duas espécies de humor.

Temos de examinar-nos seriamente. Temos de saber como utilizamos essa arma, pois o humor é realmente uma temível arma na vida social. Quantos erros e pecados se cometem por medo do ridículo! E quantas vezes, graças a Deus, o homem escapa às tentações por imaginar o ridículo das consequências!

O riso adolescente

O riso, nomeadamente, é a principal arma dos adolescentes. Sabendo que, se entram em diálogo com os adultos, são sempre vencidos, quer por autoritarismo, quer por velhas manhas argumentativas que os jovens desconhecem, os adolescentes defendem-se com o riso, que enfurece os velhotes.

Em muitos casos será legítimo, embora nos pareça uma irreverência, porque não reparamos no abuso que cometemos em matérias de mera opinião, e em que queremos impor-nos a todo o custo. Quando nos chocam as suas irônicas insolências, interroguemo-nos sobre se não teremos sido nós insolentes primeiro com eles...

Mas, assim como o jovem aprende facilmente a manejar a zombaria, também é afetado terrivelmente por ela. Qualquer riso o perturba. Qualquer ironia o retrai. Na altura em que tem de escolher o seu caminho pelo mundo dos «velhotes» em que a idade, inexoravelmente, o vai metendo, precisamente então balança entre os que se rirão dele por ser honesto, casto, generoso, e os que o desprezarão por enfiar-se na manada dos estróinas.

Geralmente, é mais forte a ironia dos sem-vergonhas — eternos adolescentes — do que a outra. A gente de vida honesta não costuma ridicularizar os que enveredam por mau caminho. Têm pena, preocupam-se, sermoneiam.... e são chatos. A outra banda costuma ser mais divertida e impressiona mais. Eis outra razão para fomentarmos o *bom* bom humor, que atraia, não só por ser bom, mas também pela sua autêntica vivacidade.

De qualquer forma, esse medo do ridículo não é exclusivo da juventude; é geral. Preferimos que nos insultem a que se riam de nós. Ninguém gosta de ser «o palhaço da festa».

E esse temor influi em todos os aspectos da nossa vida: nos estudos e até na ciência, se se pôs de moda um critério com que não concordamos, mas que pesa muito e nos pode marginalizar; na arte, se os chamados «bem-pensantes» achariam incrível um gosto diferente do deles; em tudo, e, o que é mais grave, até no domínio da fé e da moral.

Contra a moral cristã — contra a moral autêntica, por outras palavras — é que a ironia assesta com maior sanha as suas armas. Em jornais e revistas, filmes cômicos e conversas de bar, na caserna e na fábrica, no rádio e na televisão, em *posters* e cartões ilustrados, em canções e poesias, romances, óperas e anúncios —

por todos os meios se zomba da pureza, da fidelidade, da fecundidade, do amor conjugal e, ultimamente, até de Deus, que seja bendito por todos os séculos. Mas o sexto e o nono mandamentos são hoje, com efeito, os grandes «palhaços da festa». É rir deles até fartar! Com acinte, com grosseria, com raiva...

O humor grosso

Aproveitemos a ocasião para distinguir o humor porco do humor grosso. Porque é lícito em certas circunstâncias este humor. O que arrepia uma menina pode ser legítimo num quartel.

Descansem, que não vou defender anedotas pornográficas. Só digo que a vida tem contrastes sutis e contrastes pesados, e que o humor se adaptará a cada circunstância.

As experiências da vida são diferentes e as sensibilidades também. Estou-me lembrando de uma moça do campo que servia numa residência universitária da capital. — «As meninas devem ler todas pelo mesmo livro!», dizia ela. — «Por quê?» — «Porque vestem da mesma maneira, penteiam-se da mes-ma maneira, riem da mesma maneira...»

Para ela, habituada a pessoas tão diferentes na sua aldeia, aquelas finuras iguaizinhas de risinhos, vestidos e penteados resultavam estranhas. Ela, lá na sua terra, conhecia uma bêbada, uma beata, um santo, um malandro, um idiota, um ricaço, um fidalgo, um brutamontes, uma bruxa, um poeta, um engraçadinho, etc. A maior parte, gente simples, desbocada, sem maneirismos. É natural — e legítimo — que os chistes lá usados sejam um pouco fortes para o paladar urbano.

Mau gosto? Não sei que dizer. Às vezes, um humor grosso pode ser até muito útil para esclarecer situações. Darei um exemplo tímido: confesso que tenho aconselhado a meninos muito bem educados uma resposta pronta para o colega ordinário que lhes ponha diante dos olhos uma revista obscena: — Desculpa, são pessoas da tua família?

Convém saber responder a preceito, e em certas condições o grosseiro exige o grosso. E nalgumas, até o sutil o merece. A isso se referia o autor de *Caminho* no ponto 850: «Que conversas! Que baixeza e que... nojo! — E tens de conviver com eles, no escritório, na universidade, no consultório..., no mundo.

«Se pedes por favor que se calem, ficam caçoando de ti. — Se fazes má cara, insistem. — Se te vais embora, continuam.

«A solução é esta: primeiro, pedir a Deus por eles e desagravar; depois..., ir de frente, varonilmente, e empregar o "apostolado dos palavrões". — Quando te encontrar, hei de dizer-te ao ouvido um bom repertório».

A tradução do original não é rigorosa. O autor não se referia propriamente aos palavrões, embora também estes cheguem a ser lícitos; no original castelhano diz-se *apostolado de la mala lengua*, que também não se pode traduzir por má língua. Significa o contrário de *buena lengua* ou literatura. Queria, portanto, dizer que em determinados casos se dispensam finuras de expressão. E em certas circunstâncias não há sequer outra linguagem com que as pessoas se entendam.

Vem-me à memória um episódio passado num ônibus. Um pedestre imprevidente atravessa-se na rua; o ônibus chia com todos os freios, e o motorista bota a cabeça de fora e solta-lhe as imprecações mais expressivas que conhece. Ainda a resfolegar de emoção, recosta-se novamente no assento e, pelo retrovisor, repara que, logo no primeiro banco, se encontra uma distinta senhora de cabelos brancos... que ouviu tudo! — «Desculpe, minha senhora...» — «Ora essa, ora essa! O senhor só disse o que todos estávamos pensando!»

Os maus humores

Distinguimos, portanto, o humor grosseiro do humor grosso, algumas vezes necessário. Dentro do grosseiro, o obsceno merece particular reprovação. Pode acontecer raramente e por acaso que tenha mesmo graça, isto é, que seja tão engenhoso e surpreendente que obrigue à gargalhada. Geralmente, porém, é mero descaramento e provoca apenas um riso amarelo de cumplicidade nos circunstantes.

Um amigo meu fez certo dia uma curiosa experiência na cantina da universidade. Ouviu a anedota suja de um comensal e as risadas dos colegas. Fez de conta que não percebeu: — «Podia repetir?» O chistoso voltou à carga com a historieta porca. Menos risos. E o meu amigo fingiu que se distraíra: — «Desculpa, não ouvi bem...» À terceira vez, o ambiente era gélido. E ele pôde comentar, entre os sorrisos amarelíssimos dos outros: — «Realmente, não acho graça nenhuma». A graça reduzia-se ao simples choque do obsceno com a boa educação. Não tinha qualquer outro sal.

Ainda que o tivesse, era condenável. Podemos rir de tudo e de todos, das coisas mais sagradas e dos nossos próprios pais. Mas não devemos. Além disso, a amargura que escorre desse riso, como baba pestilenta, não compensa de modo algum a gargalhada que suscita. Alegria é que não causa. Só nojo e vazio de alma. A vida desce de nível e deixa à mostra um lamaçal fedorento.

A obscenidade é o recurso mais fácil para imitar o bom humor: em vez do choque espirituoso de palavras, o choque bruto com a decência. Por isso, mesmo «tecnicamente» ou «artisticamente», é de baixa categoria.

Todavia, o mau bom humor não se reduz a essa espécie. Há o humor agressivo, o cínico, o cético, o irreverente...

Há quem só saiba rir *contra*: contra alguém, contra todos, contra os «outros». Todos são burros, todos se enganam, todos são ridículos, todos resolvem mal os problemas. E ele ri-se, ri-se, ri-se... Ri-se com mordacidade, para morder em alguém, ou para ladrar pelo menos. Nas figuras públicas e famosas só vê más intenções e vaidade. E incompetência, é claro. Nas figuras modestas, uns pobres diabos, inúteis, incapazes.

Triste humor, o de achincalhar tudo e todos! E que travo azedo espalha ao seu redor!

Dentro deste gênero há várias especialidades, como a xenofobia, o classismo, o provincianismo, o racismo... As outras nações são cambadas de idiotas ou criminosos; as outras profissões são cambadas de vigaristas; as outras cidades, vilas ou aldeias são agregados de presunçosos; as outras raças não evoluíram... E não há nada a fazer por elas; só rir, rir e tornar a rir.

Outra coisa é o jogo com as características próprias de cada país, as honestas «deformações profissionais», o sotaque e gostos típicos de cada terra, a idiossincrasia e a forma anatômica dos vários tipos raciais. Assim como podemos brincar com pessoas amigas, podemos fazer amigavelmente um certo jogo humorístico de interesse e amizade; esse humor serve também para conhecer e dar a conhecer melhor o mundo em que vivemos, embora através da caricatura. Nesse caso, aliás, acontece com frequência que um dos visados é a própria pessoa que graceja.

O avião está em perigo. Já se alijou toda a carga. Têm de ser os passageiros a sacrificar-se.

— Pela Alemanha!, e o alemão atira-se para a morte.

— É esportivo!, convence-se o inglês, e lança-se no espaço.

O português hesita, hesita, mas por fim decide-se:

— É grátis!

Talvez não seja fácil distinguir o humor agressivo do cínico, do cético, do irreverente. Todos esses maus humores se misturam. No entanto, divergem de tonalidade.

O humor cínico é o humor depravado, que se alimenta de desgraças. Também aqui seria necessário ressalvar o humor negro, de gosto discutível, mas legítimo, e que brinca geralmente com a morte. O cínico acha graça à desgraça alheia. Provavelmente não há humor mais triste. E provavelmente nasce de complexos esquisitos, que não sei diagnosticar. Só lhe vejo uma justificação hoje em dia: como reação ao pano de lágrimas em que se transformou o noticiário moderno. Para a imprensa, TV, rádio, só a desgraça é notícia. Só há problemas, catástrofes, acusações, injustiças, crimes, ameaças. Sim, já basta! Mas fazer disso objeto de gozo é uma defesa doentia.

Rir, também ri a hiena, e dizem que como uma criança. Mas é caso para nos admirarmos, como fazia aquele moço a quem o mestre interrogou sobre as características do bicho. — «É um mamífero, de fraca compleição, anda isolado nas estepes, alimenta-se de carne podre... Só não entendo de que é que ele ri!...»

O cético é menos agressivo, mas tanto ou mais deprimente que o cínico. Costuma ter mais graça, porém, na medida em que o seu ceticismo se mistura com certa sabedoria. *Vaidade das vaidades, tudo é vaidade!*, diz a Sagrada Escritura (Ecl 1, 2). Sim, há alguma verdade nessa maneira de encarar a vida: nada vale nada e tudo passa... Mas é uma verdade que tem de complementar-se com outra: tudo vale muito e nada de bom acaba! Aí está o divertido e surpreendente da vida humana. Se no humor se encara apenas a vacuidade da existência, só nos rimos porque no fundo não a vemos assim; contudo, a insistência no negativismo leva-nos ao sorriso desalentado, a um desânimo vago, a uma sensação de vazio.

Bastantes humoristas do nosso tempo cultivam esse gênero. Terminado o seu «show» ou fechado o seu álbum, não crescemos na alegria; pelo contrário, saímos do espetáculo ou da leitura mais cansados. O seu humor tornou-se uma técnica de roubar-nos o sentido pleno da vida.

E como o riso do público tende a esgotar-se, a sua tendência, para reforçar o efeito do choque, é ridicularizar as coisas e as pessoas mais respeitáveis. Quanto mais sagrado o objeto de zombaria, mais êxito — fácil — costumam ter os seus chistes.

Entramos na irreverência. A certa altura, por medo ao fracasso, já não se olha a quem nem a quê: amor, família, religião, os maiores santos, o próprio Deus Nosso Senhor... A blasfêmia.

Esta pode ser procurada diretamente por motivos ideológicos ou persecutórios da fé. Nessa altura, a relação entre essa zombaria e o bom humor é a mesma que há entre o amor e o ódio. O riso que provoca já tem pouco de humano. São uivos.

Obscenidade, cinismo, agressividade, irreverência, blasfêmia... Por vezes parece que os risos que estalaram no Calvário se prolongam pelas gerações afora. Não só voltamos a crucificar Nosso Senhor, mas continuamos a cuspir na sua Sagrada Face e a fazer dEle objeto do mais brutal escárnio...

A réplica humorística

Deus nos livre desse riso néscio que, sob a capa de bom humor, só contagia amarguras. É preciso desmontá-lo, em contra-ataque de justa ironia, para que os seus vapores intoxicantes não poluam este mundo, feito para a alegria. Não deveríamos rir dos tolos? Podemos e devemos, quando pretendem fazer-nos tolos a nós.

«Essa é boa! Mete-o a ridículo! — Diz-lhe que está fora de moda; parece mentira que ainda haja gente obstinada em pensar que é bom meio de locomoção a diligência... — Isto, para os que renovam voltairianismos de peruca empoada, ou liberalismos desacreditados do século XIX» (*Caminho*, n. 849).

O Senhor procedeu de modo parecido em várias ocasiões. Quando os judeus atingiram o cúmulo da blasfêmia, acusando-o de ser Príncipe dos demônios, fez-lhes notar o ridículo em que caíam: porque se o demônio se expulsa a si mesmo (a blasfêmia viera a propósito da cura de um possesso), está perdido; e, por outro lado, se Jesus tem poder sobre os espíritos malignos por ser chefe deles, nesse caso os exorcistas judeus mereciam acusação idêntica...

O Senhor ri-se deles para defender os seus discípulos de qualquer confusão que os perturbasse. Por vezes, uma exposição doutrinal muito séria não serve para contrariar calúnias e remoques acintosos; uma breve réplica *ad hominem*, bem humorada, desfaz o que um discurso não consegue.

Todos conhecem, da época contestatária de 68, o episódio mural (de *muro*) daquele que borratou a parede com uma frase célebre: «Deus morreu!», e em baixo o nome do autor alemão: «Nietzsche». Logo alguém acrescentou outra: «Nietzsche morreu!»; assinado: «Deus». A resposta oportuna fazia explodir aquela expressão louca da soberba humana.

Recordo a resposta incisiva, e no entanto delicada, com que um digno eclesiástico calou um ilustre malcriado que estava sentado a seu lado e estranhou vê-lo comer tão pouco: — «Vossa Reverência nem parece um padre...» — «Ah, é? Pois nós, os sacerdotes, temos de comer o suficiente para aguentar os leigos...»

NO JOGO DA VIDA

Na família

Ao longo destas páginas, fomos vendo por que motivo o homem ri, e por que motivo deve rir, brincar, usar de bom humor. Vimos que existe mesmo uma virtude nesse domínio e que faz parte da imitação de Cristo. Vimos ainda como o riso e o jogo podem colocar-se a serviço do mal, e como devem ser encarados nessas circunstâncias. Procuremos aplicar estas considerações a dois ou três campos da nossa vida.

Comecemos pela família.

No lar, a comicidade natural da nossa existência aumenta de intensidade: se a mistura matéria-espírito, sujeito-objeto, em cada indivíduo, já provoca tantas situações divertidas, o que dizer de uma instituição, como a família, em que se combinam homem e mulher, velhos e novos? O contraste de mentalidades é contínuo, as confusões também, e a vida doméstica desenvolve-se segundo regras simultaneamente fixas e variáveis.

À primeira vista, não devia funcionar; mas funciona, porque é um jogo de amor; e de tal modo, que a família se torna o âmbito por excelência da felicidade humana, apesar dos seus intermináveis problemas.

Além disso, é também por excelência o lugar de descanso, relativamente às fadigas do trabalho profissional, e, como já vimos, não há descanso mal-humorado. Não me lembrem que temos de ser realistas. Já o sei. Mas guardemos o realismo para daqui a pouco...

E, ainda mais: cada casa é um pequeno exército unido na luta cotidiana, exigindo apoio mútuo, animoso, desdramatizador...

Sem bom humor, o lar é um inferno. Com ele, um pedacinho do céu.

Isto é mais fácil quando há crianças com saúde. Vem-me à cabeça a quadra de um avô:

Pus-me a contar pelos dedos
Quantos já são os meus netos;

Mas não consegui sabê-lo,
Porque nunca estão quietos!

Numa família, porém, não há só crianças encantadoras, e até pode nem havê-las, ou lembrarem-se elas de crescer! E então é que se requer a virtude da alegria.

Vamos ao «realismo». Escrevo-o entre aspas, porque nos acostumamos a chamar realismo tão só aos aborrecimentos da vida, como se por cada um deles o Senhor não nos desse, em expressão de Santa Teresa, «mil contentos», inúmeras situações agradáveis, belas, felizes. Vamos ao tal «realismo».

Se, ao entrar em casa, cansado, o marido é recebido pela sua extraterrestre desfeita em lágrimas, se o jantar está por fazer e o filho anda furioso a bater portas, de malcriado, há várias formas de reagir.

Pois bem: seja qual for a reação (costuma ser um berreiro estentóreo superior ao fragor da tormenta doméstica), o que o marido e pai deve ter sempre em conta é que o quadrado da hipotenusa é igual à soma dos quadrados dos catetos. Não tem nada a ver uma coisa com a outra, mas talvez nos ajude a recordar que esta vida é um teorema rigoroso que só se verifica perfeitamente no outro mundo. Aqui na terra, nesta vida mortal, tanto as hipotenusas como os catetos estão bastante amassados, e os quadrados acabam saindo em forma de cabaças, de mau feitio e pior soma.

É evidente que aqui não nos entendemos. Cada pessoa, em cada momento, é uma surpresa. A verdade é que a surpresa consiste por vezes em que as pessoas tomam exatamente a atitude que prevíamos, como se estivessem programadas. Mas não estão; e quando esperamos novamente que repitam o gesto — o berro, o choro que nos aborrece, só para nos aborrecer —, não o repetem.

Um sobrinho meu, de pequeno, chegou ao pé da mãe e declarou com grande certeza científica, no fim da sua última experiência: «Eu bati no Pedro. Agora a mãe bate em mim e põe-me no quarto escuro».

Deve ter sido intrigante para ele verificar que, entre os humanos, as regras fatais não se cumprem. Exceto se, como bom estudioso, compôs nessa altura uma nova lei antropológica: «Quando se bate nos irmãos com intuito científico, as mães desatam a rir». Espero (já não sei) que, para o bem do Pedro, o irmão mais velho não tenha enveredado por sucessivas experiências.

— «Quando casei», dizia o meu amigo Vasco, «tinha uma dúzia de teorias sobre a educação dos filhos. Agora tenho doze filhos e nenhuma teoria...»

Com isto não pretendo negar a importância das ciências da educação; apenas sublinhar que o homem é um ser ininteligível, incompreensível, enfim, livre. Será bem definível em abstrato; na sua definição, porém, deve constar que, como indivíduo, não só é indefinível, mas indeterminado e indeterminável. Tem de ser ele próprio a determinar-se em cada momento. É uma autonomia. Ora, nada mais surpreendente do que uma autonomia pessoal. E o surpreendente, sendo admirável, é também risível.

Voltamos, sem querer, à comicidade do homem em geral, mas estávamos vendo-o em família, onde um conjunto de autonomias espera, nada mais nada menos, do que constituir uma só coisa! O mais curioso e engraçado é que isso acontece mesmo! É o mistério do casamento. Ia dizer *do amor*, mas o termo é tão equívoco, que exigiria longas distinções...

Contudo, apesar da real e profunda união de liberdades que se dá na família, as liberdades mantêm-se como tais, com todo o seu pitoresco de contrastes e a sua irredutibilidade. Quem pretendesse controlá-las de modo a fazer delas uma uniformidade programada, enganar-se-ia rotundamente. Só com bom humor se conseguem aceitar as diversidades pessoais.

Vejam-se os fogosos Apóstolos João e Tiago, filhos da impulsiva e ambiciosa Salomé: ora reclamam do Senhor que lance raios e coriscos sobre os antipáticos samaritanos, ora proíbem que um bom homem faça milagres, ora se propõem a si próprios para os primeiros lugares no Reino de Deus... E Nosso Senhor, além da paciência com que os educa, acha-lhes graça e dá-lhes um nome muito apropriado: os «Boanerges», os filhos do trovão!

Só com caridade e bom humor conseguimos ver, nos incômodos defeitos do próximo, virtudes em potencial... e transformá-los em virtudes autênticas. Aqueles dois ambiciosos, mais tarde, haviam realmente de alcançar primeiros postos: João, o primeiro no amor e na sabedoria; Tiago, o primeiro a dar a vida pelo Mestre.

Somos efetivamente extraterrestres em relação ao mundo e uns para com os outros. Embora unidos pela natureza, pelo amor de Deus e pelo destino comum, cada um de nós pertence a uma galáxia diferente, ao «seu mundo», e assim havemos de respeitar-nos e dialogar.

No trabalho

Passemos a outro campo: o do trabalho profissional. Muitas das observações anteriores se aplicam aqui. Todavia, há situações próprias da relação laboral que devemos tomar em consideração.

Cada pessoa, além de pertencer ao «seu mundo», tem diverso estilo e diverso ritmo de trabalho. E congregar na mesma tarefa diferentes tipos de trabalhadores é sempre um objetivo difícil, requerendo paciência e prudência e uma boa dose de humor.

Toda a gente sabe como um «bem disposto» (não o chalaceiro incorrigível) ajuda a superar inúmeras tensões no ambiente de trabalho. Uma piada oportuna, uma boa risada, uma historieta — e os problemas desfazem-se.

O homem sem humor, que tudo toma a sério, acaba por isolar-se. Qualquer gesto adquire aos seus olhos um significado importante: se o gerente foi amável, é que vai promovê-lo amanhã; se encolheu os ombros, é que vai despedi-lo; se cumprimentou um colega, é que tomou o partido dele...

Talvez o simplesmente mal-humorado, o irritadiço crônico, não levante tantos problemas como ele. Será desagradável, agressivo e mesmo intriguista, mas define-se depressa e logo se lhe dá um desconto. O «desumorado», porém, funciona como uma espécie de louco, vendo intenções onde elas não existem e falando de questões que ninguém mais vê. Falta-lhe o tal sentido da perspectiva, o sentido das proporções. Não percebe que a maior parte das atitudes dos outros não tem qualquer significado especial, e por isso não distingue o importante do superficial, do ligeiro, do intranscendente. Tchekov, nas suas peças, reproduz muito bem a psicologia do funcionário sem humor, com toda a sua problemática miudíssima e dramática.

E se nos subalternos essa falta de humor provoca autênticos pesadelos, no chefe é um pavor. Por causa de uma distração, de um pequeno erro, é capaz realmente de despedir o subordinado, ou de persegui-lo sem fim, porque viu naquele descuido um atentado gravíssimo à empresa ou à sua excelentíssima pessoa.

Entre mulheres o problema complica-se por duas grandes qualidades que possuem: a capacidade de dedicação e o espírito de sacrifício. Geralmente, os homens cumprem as suas tarefas e descarregam o que ainda falte sobre os superiores. Eles que se virem! Arrumam a mesa e deixam de lado o trabalho. Com as mulheres não costuma ser assim: afligem-se com as preocupações dos chefes e fazem horas extraordinárias sem pensar em recompensa, por puro sentido de responsabilidade. Neste ponto são admiráveis, se bem que entre os homens também não faltam virtudes semelhantes. Mas o pior é que exigem dos outros o mesmo espírito de holocausto!

Habituadas ao sacrifício constante, não sabem descansar; e se compreendem o descanso da família, dificilmente o entendem no trabalho profissional. Benditas sejam elas, mas Deus nos defenda das mulheres sem humor! E mais daquelas que, para defesa dos direitos femininos, procuram por todos os meios parecer homens...

Não vale a pena alongar-nos na consideração de mais aspectos da vida cotidiana. O bom humor é necessário em todos. Pense-se de fugida na vida cultural e artística. Quantos emproamentos, que maçadas espantosas, que filosofices baratas, que falta de simplicidade, que análises introspectivas complicadíssimas, que erudições intermináveis, que solenes entrevistas, quando falta o sentido do ridículo!

Por outro lado, é frequente que os escritores utilizem mal o espírito de humor, sob pretexto de crítica social, num bota-abaixo deprimente. Desse setor vêm bastantes exemplos do mau bom humor a que nos referimos antes.

Mas que benfazejos tantos, que nos transmitem uma visão alegre do mundo e nos ajudam a manter um sentido positivo dos acontecimentos e das pessoas, sem se escandalizarem com as fraquezas humanas!

O otimismo cristão

Só um breve apontamento a respeito da vida espiritual, embora já tenhamos tocado esse tema.

Recordemos sucintamente a parábola do filho pródigo.

Longe de casa, consumido de vergonha, a figura amabilíssima do Pai foi-se convertendo, na sua imaginação, no rosto severo de um juiz. Acossado pela fome, acabou por levantar-se da lama e ousou apresentar-se em casa e arrostar as consequências. Pelo caminho foi repetindo o discurso contrito que aplacaria as iras paternas...

Sabemos como o Pai o recebeu: cobrindo-o de beijos, vestindo-o de linho fino, pondo-lhe um rico anel nos dedos, e ordenando um grande banquete e festa!

«*Não sou digno de me chamar teu filho!*», reconhecia o pobre moço. E o Pai tratava-o como um rei!

Que jogo é este? O jogo do amor desmesurado de Deus!

Por mais miserável que te vejas, não te angusties, diz-nos a parábola. Chora os teus pecados, por serem uma ofensa ao teu Pai do céu; mas de ti não chores; ri-te de contente e ri-te de humildade. E recomeça com mais ânimo do que antes. Ainda que te sintas rodeado de tentações, defeitos e lamentáveis recordações, tens o Senhor ao teu lado.

O otimismo, necessário à fortaleza com que devemos encarar a vida, no cristão faz parte da virtude da Esperança. Perde o aspecto de razoável expectativa e de prudente confiança nas nossas próprias forças, para se tornar uma certeza absoluta: com a graça de Deus, que nunca falta, somos capazes de superar todos os obstáculos que se levantem contra o único objetivo verdadeiramente importante da nossa existência — a união eterna com

Deus. A misericórdia e as promessas divinas garantem-nos que, a partir de qualquer situação, podemos chegar «ao país onde seremos reis», em palavra de Santo Agostinho.

Lembro-me agora de um velhíssimo documentário cinematográfico — da guerra de 1914-18! — em que se destacava a garbosa figura do general Foch, quando as forças alemãs assediavam o exército francês por todos os lados.

— «Estou cercado a norte e a sul, a leste e a oeste. A minha posição é ótima. Ataco!»

E venceu.

Direção geral
Renata Ferlin Sugai

Direção editorial
Hugo Langone

Produção editorial
Juliana Amato
Gabriela Haeitmann
Ronaldo Vasconcelos
Daniel Araújo

Capa
Provazi Design

Diagramação
Sérgio Ramalho

ESTE LIVRO ACABOU DE SE IMPRIMIR
A 1 DE OUTUBRO DE 2023,
EM PAPEL OFFSET 75 g/m².